## ROYAUME DES FRANCS

498
Clovis devient chrétien

511
fin de son règne

## ÉPOQUE MÉROVINGIENNE

561-613
guerres entre les descendants de Clovis

613
royaume unifié sous Dagobert

## UNE AUTRE RELIGION

622
naissance de l'Islam

711
l'Espagne conquise par les musulmans

## L'EMPIRE CAROLINGIEN

768
Charlemagne devient roi

800
couronné par l'empereur

843
partage de l'empire

## VERS MILLE

911
traité de paix avec les Vikings

987
Hugues Capet devient roi

vers 950
premiers châteaux forts

## ESSOR DES CAMPAGNES

1020
progrès de la production agricole et hausse de la population

vers 1315
retour des famines

## L'ART ROMAN

1060
abbaye bénédictine du Mont-Saint-Michel

1075
Saint-Jacques-de-Compostelle

1080
grande abbatiale de Cluny

## GUERRES DE SEIGNEURS

1010-1040
le comte d'Anjou guerroie contre le comte de Blois et de Bretagne

1066
le duc de Normandie conquiert l'Angleterre

## CROISADES

1096
départ pour la première croisade

1118
fondation de l'ordre des Templiers

1270
dernière croisade

## LE MONDE DES CHEVALIERS

1063
premier tournoi

1130
premiers blasons

1420
l'armure complète du chevalier est au point

## ESSOR DU POUVOIR ROYAL

1180-1223
règne de Philippe Auguste

1226-1270
règne de Louis IX

## DANS LES VILLES

vers 1150
fondation de l'université de Paris

vers 1150
naissance des communes

1327
200 000 habitants à Paris

## CATHÉDRALES GOTHIQUES

1145
début de la construction de la cathédrale de Chartres

1195
cathédrale de Bourges

1211
cathédrale de Reims

## L'ÉGLISE CHRÉTIENNE

vers 1200
le mariage devient religieux

1233
l'Église fonde un tribunal contre les hérétiques

## COMMERCE

1174
foires internationales de Champagne

1274
arrivée de Marco Polo en Chine

1300
début de la lettre de change (ancêtre du chèque)

## UN SIÈCLE NOIR

1346
défaite des Français à Crécy contre les Anglais

1348
épidémie de la peste

1415
défaite à Azincourt

## JEANNE D'ARC

1429
libération d'Orléans et sacre de Charles VII

1431
mort de Jeanne d'Arc

1453
victoire définitive de Charles VII contre les Anglais

## INVENTIONS

1270
premières cartes marines

1300
invention de l'horloge

1300
premières lunettes

## FIN DES CHEVALIERS

1346
apparition des canons à la bataille de Crécy

1356
le canon devient un engin de défense dans la guerre de siège

## LE XV^E^ SIÈCLE

1420
les artistes italiens redécouvrent l'Antiquité

1450
invention de l'imprimerie

1453
conquête de Constantinople par les Turcs Ottomans

**Moyen Âge !**

**Ce nom, un peu terne, a été inventé pour désigner une longue période, coincée entre l'Empire romain et la Renaissance. Pendant ces mille années, de 500 à 1500 environ, il s'est passé tant de choses ! Des royaumes sont nés, avec des rois pour les gouverner ; des cathédrales et des milliers de châteaux forts ont été bâtis ; les troubadours ont créé une musique et des chants nouveaux ; les moines, dans des monastères, ont consacré leur vie à écrire et à recopier des livres ; dans les villes, les marchands et les bourgeois ont développé le commerce et la culture, les artisans ont fabriqué des armes et des outils ; des hommes ingénieux ont perfectionné les moyens de vivre, de s'instruire, de voyager…**

**Non, vraiment en découvrant tout cela, on ne peut pas dire que le Moyen Âge ait été un âge moyen !**

TROUVE-LES TOUS !

## QUELLE HISTOIRE !

Dans ce livre se cachent des objets ou des personnages du Moyen Âge : à toi de les découvrir parmi la foule. Et surprise : certains d'entre eux sont rassemblés dans la dernière page afin de célébrer joyeusement ces mille ans d'histoire !

# AU DÉBUT DU MOYEN ÂGE

## 400-750

**Le Moyen Âge est une longue période qui dure de 500 à 1500 à peu près. Avant 500, c'est l'Antiquité. L'empire romain s'étend à travers l'Europe, et la France s'appelle alors la Gaule. Au nord-est de l'empire, vivent des peuples guerriers, les Germains. Les Romains les appellent « barbares » : des étrangers qui ne sont pas chrétiens et ne parlent pas latin comme eux. Les Germains ne sont pas des ennemis pour autant ! Ils aident même les Romains à surveiller leurs frontières.**

### LES GERMAINS S'INSTALLENT

À partir de 400, les **Germains** pénètrent dans l'empire romain, poussés par le peuple des **Huns** qui vient de Mongolie. Leurs chefs s'allient aux **Romains** pour repousser les Huns, fondent des royaumes et se disputent entre eux pour agrandir leurs territoires. Installés dans les villages, les Germains élèvent du bétail et des chevaux. Leurs forgerons savent façonner des épées meilleures que celles des Romains !

### LA VIE DES REINES

Les rois francs ont deux, trois ou même quatre épouses ! Ce sont les filles des rois voisins ou des prisonnières capturées à la guerre. **Radegonde** (518-587) est ainsi mariée à Clotaire I^er^, mais décide de fuir son mari pour fonder un monastère et y finir sa vie. **Arégonde** lui succède auprès du roi. Elle meurt vers 580. En 1959, on l'a retrouvée dans son tombeau, vêtue de soie et parée de bijoux d'or.

### DE CLOVIS À DAGOBERT

Les Francs, un peuple germain, sont installés au nord de la Gaule. En 498, le roi franc **Clovis** se fait baptiser et devient l'allié des évêques, qui sont les chefs de la religion chrétienne. Il peut alors conquérir un grand royaume. Mais, à sa mort en 511, une longue guerre éclate entre ses descendants ! En 613, la paix et l'unité reviennent enfin sous le règne de Clotaire II puis de son fils **Dagobert**.

### DE GRANDS DOMAINES À LA CAMPAGNE

Les rois, les évêques, les riches Germains vivent à la mode romaine dans de **luxueuses villas**. Ils possèdent des terres immenses, des vignobles, des troupeaux, des champs de céréales où travaillent **des esclaves** qu'ils doivent nourrir et loger. À partir de 600, ces villas ressemblent davantage à des villages, avec la demeure du maître entourée de parcelles pour les familles paysannes.

### LES DEUX CULTURES SE MÉLANGENT

Les fils des puissantes familles, qu'elles soient d'**origine franque ou romaine**, sont élevés ensemble au palais de Dagobert. Leur éducation achevée, le roi les envoie diriger les régions du royaume. Le latin reste la seule langue écrite, car les Germains n'avaient pas d'écriture, mais il se transforme peu à peu. L'habillement change aussi, et les nobles prennent l'habitude de porter l'épée au côté.

### UNE SEULE RELIGION

Cette nouvelle société est unie par une religion commune, le **christianisme**. Depuis Rome, le pape dirige l'Église, c'est-à-dire la communauté de tous les chrétiens. **Les évêques**, comme Didier à Cahors ou Ouen à Rouen, sont souvent les fils des grandes familles. Ils gouvernent les cités, font bâtir les **premières cathédrales** et favorisent la création de nombreux monastères.

# L'EMPIRE DE CHARLEMAGNE

**Charlemagne, Carolus en latin, ou Charles le Grand. Si on le surnomme ainsi, c'est parce qu'il est le chef d'un immense territoire à travers l'Europe. En l'an 800 à Rome, le pape pose sur sa tête la couronne impériale. Du jamais vu depuis les empereurs romains ! Dans l'empire de Charlemagne, chacun a une place bien définie : les comtes commandent les armées, les moines prient dans les abbayes, les paysans et les artisans travaillent, et tous sont au service de Dieu.**

## DES GUERRIERS INVINCIBLES

Pendant son règne qui va de 768 à 814, Charlemagne mène 31 expéditions militaires en Italie, en Espagne et à l'Est contre les Saxons… À chaque printemps, il convoque son **armée** : 70 000 hommes à pied et 30 000 à cheval, avec des chariots et des vivres. Couverts d'armures de cuir et de métal, armés d'une **épée à double tranchant**, ses guerriers sont victorieux presque partout.

## LE COMTE AU SERVICE DE L'EMPIRE

Il faut faire la paix dans les terres conquises ! L'empire est divisé en 350 comtés. Dans chaque région, le **comte** est le délégué du roi. Il a pour mission de réunir et diriger l'armée, de rendre la justice et de collecter les impôts. Les comtes sont nommés par Charlemagne ou descendent des puissantes familles mérovingiennes. Ils ont eux-mêmes des hommes fidèles pour les aider.

## DES ÉCOLES ET DES LIVRES : UNE BELLE ÉCRITURE

Charlemagne veut des gens instruits pour son administration et installe une école dans son palais. Dans les monastères, des **moines copistes** adoptent une nouvelle écriture plus belle et plus rapide. Sur du parchemin, ils recopient en latin des milliers de livres. Deux langues sont en train de naître : à l'ouest le roman qui deviendra le français, à l'est le germanique qui sera l'allemand.

## UN TRÈS GROS CADEAU !

Au centre de l'empire, à Aix-la-Chapelle (Allemagne actuelle), Charlemagne fait construire un palais orné de galeries et de mosaïques, avec des salles de réunion, une chapelle et une grande piscine ! Il y reçoit des envoyés du pape, des savants, des ambassadeurs venus de partout. Un jour, le chef musulman de Bagdad (Irak) lui envoie un cadeau vivant, un **éléphant blanc** nommé Abul-Abaz qui arrive à Aix en 802 et vivra jusqu'en 810.

## UNE RELIGION VOISINE

Le chef de la ville de Bagdad est le calife **Harun al-Rachid**. Il gouverne une ville magnifique et un empire immense. Comme tous les musulmans, il prie Allah et vénère Mahomet, le prophète qui a écrit le Coran. La **religion de l'Islam**, née en Arabie en 632, se répand très vite. Vers 700, les musulmans atteignent l'Espagne, puis le sud de la France où elles se heurtent aux soldats des armées carolingiennes.

## DES DISPUTES ET DU DANGER

Après 814, les petits-fils de Charlemagne, les rois carolingiens, se disputent son empire à coups de batailles. En 843, à Verdun, ils trouvent enfin un partage stable en trois royaumes. Mais les **Vikings**, des guerriers venus du Nord attaquent les côtes. Sur leurs **bateaux rapides**, ils remontent les fleuves, pillent les villes et les monastères. Les comtes les plus hardis lèvent des armées pour leur résister.

TROUVE-LES TOUS !

# LE TEMPS DES CHÂTEAUX FORTS

**Dans les royaumes issus de l'empire de Charlemagne, les comtes représentent la force et l'autorité. Ce sont eux qui font bâtir les premiers donjons vers 950. Peu à peu, l'Europe se couvre de châteaux, tous différents selon les siècles et les régions. À partir de 1200, chaque famille noble vit dans un château, bâti en belle pierre et dominé par une haute tour. C'est le centre du domaine, visible de loin pour exprimer le pouvoir du maître bien plus que pour se défendre des ennemis.**

### DANS LA SALLE

Au premier étage, au-dessus du cellier et des réserves, le maître du château réunit ses guerriers, ses **vassaux**, qui lui ont juré fidélité. En échange de leur amitié, il leur a cédé un **fief** : un petit domaine qui leur permet de vivre et de payer leur armement. Les vassaux aident leur seigneur à faire la guerre et à rendre la justice. Et, bien sûr, ils sont invités aux banquets dans la grande salle !

### ELLE A TOUTES LES CLEFS À SA CEINTURE

La **dame**, c'est l'épouse du seigneur. Son premier rôle est d'avoir des enfants. Elle veille sur leur éducation et garde ses filles auprès d'elle jusqu'à leur mariage. Elle s'occupe de sa **famille**, de ses hôtes et des serviteurs, soit au moins 20 personnes, souvent plus. La nourriture, l'habillement, la santé, la propreté… tout dépend d'elle. Un intendant tient les comptes et s'occupe du domaine.

### DEVENIR CHEVALIER, QUEL PROGRAMME !

Le futur **chevalier** apprend à se battre avec un bâton puis avec une épée. Il devient très habile à diriger son cheval tout en tenant sa lance. Il s'habitue à la rude vie de guerrier et apprend à bien parler aux dames. Il sait lire, écrire, jouer de la musique… Avant d'être chevalier, il est **écuyer** au service de son seigneur et part à la guerre avec lui mais ne combat pas.

### LA GARNISON DU CHÂTEAU

En temps de paix, un petit seigneur dispose de 5 ou 6 hommes qu'il paie pour faire le guet sur le **chemin de ronde**. Ils gardent la porte, font payer des taxes au marché et sur le pont. Partout, ils font respecter le **pouvoir du maître**.
Si le château est menacé, les vassaux et les villageois viendront à la rescousse. Les comtes entretiennent un grand nombre de guerriers et de chevaliers qui habitent avec lui.

### À MANGER POUR TOUT LE MONDE

Après la moisson, les réserves du château et les silos du village sont remplis de **grain** et de **foin**. Il y aura assez à manger pour les humains et les animaux !
Le seigneur garde aussi du vin dans son cellier. Les paysans cultivent surtout des **céréales** (blé, seigle, avoine). Au **moulin**, le grain est transformé en farine pour le pain, les bouillies ou les galettes, qui sont la base de l'alimentation.

### UN PEU DE CONFORT !

Vivre en seigneur, c'est pouvoir s'offrir la **lumière** des bougies et des lampes à huile, c'est dormir sur un matelas de laine et de plume et avoir un bon **feu** dans sa cheminée. Mais le plus précieux, c'est l'**eau** à volonté.
Les serviteurs tirent des seaux d'eau au puits ou à la citerne, ils la font chauffer à la cuisine pour les potées et les tisanes, ou pour le bain dans des cuves en bois.

TROUVE-LES
TOUS !

# AU TOURNOI

**Les tournois apparaissent vers 1050 dans le nord-ouest de la France. Au début, ces jeux à cheval ressemblent à des batailles. Ils sont dangereux, les évêques cherchent à les interdire, mais ils ont un succès fou ! Les chevaliers accourent de partout pour y participer. Malgré tout, la violence s'adoucit et les joutes à deux combattants remplacent peu à peu les mêlées brutales. Vers 1400, le tournoi est devenu un spectacle magnifique et luxueux, où les combattants appartiennent tous à la haute noblesse.**

### LE MEILLEUR CHEVALIER DU MONDE

Les grands seigneurs recrutent souvent leurs guerriers dans les tournois. Par exemple, en 1167, **Guillaume le Maréchal** capture au tournoi 12 beaux chevaux et 10 chevaliers, qu'il libère contre une rançon. Guillaume s'enrichit ainsi, se bat de mieux en mieux et devient le meilleur des **champions**, si bien que le roi d'Angleterre lui confie l'éducation guerrière de son fils aîné !

### DEVENIR CHEVALIER

Lors de l'**adoubement**, le comte remet une belle épée à un jeune combattant et le nomme chevalier. Celui-ci s'engage à se battre avec courage et loyauté, à défendre l'Église et à respecter les dames. À l'origine, un jeune guerrier est fait chevalier lors d'une cérémonie toute simple, au soir d'une bataille ou d'un tournoi. Puis, l'adoubement devient plus complexe et plus coûteux, réservé aux fils des riches seigneurs.

### PLACE AUX JOUTES !

Il existe deux sortes de joutes : dans la première, le chevalier lancé au galop doit **briser sa longue lance** contre son adversaire. En fin de combat, le gagnant est celui qui a brisé le plus de lances. Dans la seconde, le jouteur cherche à **désarçonner l'autre**. Jambes tendues, pieds calés dans les étriers, il fonce en tenant sa lance couchée, et vise la poitrine ou l'épaule de son concurrent afin de le faire tomber.

### UN GUERRIER TOUT EN FER

Vers 1100, les chevaliers à la guerre ou au tournoi portent des **hauberts de mailles**, des armures faites d'anneaux de métal très serrés. Vers 1300, des **plaques de métal** couvrent les épaules et la poitrine, puis tout le corps. L'armure complète, ou harnois, est au point vers 1420. Elle est fabriquée sur mesure pour les riches seigneurs. Les autres l'achètent en pièces détachées chez l'armurier.

### BLASONS ET RÉCOMPENSES

Vers 1400, les spectateurs viennent admirer les combats mais aussi les armures et les blasons, ces motifs qui permettent d'identifier les chevaliers. Le **héraut d'armes** les connaît par cœur ! Il présente les concurrents au public et commente les joutes. Le **gagnant** reçoit de beaux vêtements, des bijoux, de l'argent et sans doute le baiser d'une demoiselle.

### QUE LA FÊTE CONTINUE !

Le tournoi dure plusieurs jours. Le soir après les combats, il y a un banquet. Les **musiciens** et les **jongleurs** animent la soirée. De leur côté, les **troubadours** inventent les chansons à la gloire des chevaliers ou en hommage aux dames. Parfois, ils les interprètent eux-mêmes. Ensuite, tout le monde danse…

# L'ÂGE D'OR DU MOYEN ÂGE

## 1180-1300

**La paix progresse, le savoir et les arts se développent. Les marchandises et l'argent circulent. Les progrès de l'agriculture permettent de manger mieux et la population est en meilleure santé. La religion chrétienne, elle aussi, est plus forte que jamais. À l'intérieur des royaumes, l'autorité des rois se renforce ; ce sont eux désormais qui mènent les batailles pour défendre ou agrandir les frontières. Peu à peu, l'Europe d'aujourd'hui se dessine…**

### LA LONGUE VIE DE LA REINE ALIÉNOR (1121-1204)

Duchesse d'Aquitaine, **Aliénor** épouse à 15 ans le roi Louis VII de France, mais elle n'a pas de fils avec lui et le couple se sépare bientôt. En 1152, elle devient reine d'Angleterre à côté de son nouvel époux, Henri II Plantagenêt. Elle réside souvent à Poitiers, où elle accueille les **poètes**, les **troubadours** et les **musiciens**. Sur son tombeau, à l'abbaye de Fontevraud, elle est représentée avec un livre entre les mains.

### BATAILLES DE ROIS

En **1214**, le roi Jean d'Angleterre, l'empereur d'Allemagne Otton II et le comte Ferrand de Flandre veulent envahir la France. Le roi Philippe Auguste réunit une forte armée qui gagne contre eux la **bataille de Bouvines**. Otton s'enfuit, Ferrand est emprisonné au donjon du Louvre, à Paris, et Jean ne fait plus du tout le fier ! Le roi de France, lui, tire un immense prestige de cette victoire.

### LOUIS IX, DIT SAINT LOUIS (1226-1270)

Les rois de France sont les **descendants de Hugues Capet**, élu roi en 987 par les comtes du royaume. Après lui, ses héritiers reçoivent leur couronne lors d'une cérémonie religieuse, le sacre. **Louis IX** est sacré roi de France en 1226. Il cherche la paix, développe l'administration et la justice royale. Très chrétien, il part en croisade en 1248 puis en 1270. Peu après sa mort, il est reconnu saint par le pape.

### L'EMPEREUR ET LES OISEAUX

L'empire germanique, issu de celui de Charlemagne, englobe l'Allemagne et l'Italie. L'empereur **Frédéric II** de Hohenstaufen s'installe à Palerme, en Sicile, et y invite des **savants de toutes les religions et de tous les pays**. Lui-même parle au moins 6 langues, s'intéresse aux arts et aux mathématiques. Il élève aussi des oiseaux de proie et écrit un très beau livre sur les faucons.

### DES MILLIERS D'ÉTUDIANTS

Dans les grandes villes, les premières universités sont fondées en 1218. Les maîtres enseignent en **latin**, et les cours sont réservés aux **garçons**. Des milliers d'étudiants se déplacent pour apprendre auprès des meilleurs maîtres, spécialistes en droit, en médecine ou en théologie, une science liée à la religion. Ainsi, un **savoir commun** se répand d'un pays à l'autre.

### UNE MONNAIE TOUT EN OR

Depuis Charlemagne, on utilise en Europe des pièces de monnaie en argent fabriquées par les grands seigneurs. Avec le progrès du commerce, la monnaie d'or réapparaît. La cité italienne de Florence crée le florin en 1252, suivi par le ducat de Venise. En France, en 1264, l'**écu d'or** est décoré de fleurs de lys, symbole du pouvoir royal. Désormais, c'est le roi qui fait fabriquer la monnaie.

# LE CHANTIER D'UNE CATHÉDRALE

**Entre 1140 et 1280, en France puis en Europe, chaque ville reconstruit sa cathédrale. C'est l'église de l'évêque, là où il siège sur son trône qu'on appelle la cathèdre. Depuis le début du christianisme, cette église a été détruite et rebâtie plusieurs fois. Le nouvel édifice est plus haut, avec d'immenses vitraux, des clochers dressés vers le ciel et des grands bras de pierre, les arcs-boutants, qui la soutiennent à l'extérieur. Cette belle église géante est une cathédrale gothique.**

### DE L'ARGENT POUR LE CHANTIER

Le chapitre, c'est-à-dire l'**assemblée des prêtres** de la cathédrale, peut payer une large part avec l'argent qu'il tire de ses domaines. Il organise aussi des quêtes dans la région. De son côté, l'**évêque**, qui est un riche seigneur, donne une partie de ses revenus et impose une taxe spéciale aux habitants de la ville. Si l'argent ne manque pas, le chantier durera environ 50 ans.

### L'ARCHITECTE

Le chapitre et l'évêque choisissent un architecte – ou maître-d'œuvre – qui propose une maquette de la future cathédrale. Pour tracer les plans, il utilise le **compas**, l'**équerre** et **la corde à 13 nœuds**, qui sert à mesurer. L'architecte se déplace d'un chantier à l'autre avec son équipe de maçons. Ainsi Villard de Honnecourt voyage en Europe entre 1220 et 1250 et nous a laissé tout un carnet de dessins.

### UNE CATHÉDRALE BIEN SOLIDE

Il faut d'abord creuser le sol pour établir les fondations, comme les racines d'un arbre. Les blocs de pierre arrivent de la carrière. Les **tailleurs de pierre** façonnent chacun 5 à 10 pierres par jour. Puis les **maçons** posent les pierres entre 2 couches de mortier, un mélange de chaux (poudre de calcaire), de sable et d'eau, qui durcit en séchant. Et les murs tiennent depuis 800 ans !

### DANS LA GRANDE ROUE QUI TOURNE

Le chantier compte au moins **200 ouvriers**, payés à la journée ou à la semaine. Des **femmes** fabriquent le mortier, sculptent ou peignent des statues. Des **enfants** sont employés au treuil à tambour. En marchant à l'intérieur de la roue, ils font monter de lourdes charges grâce à un système de poulies et de cordages : 500 kg par voyage, sans trop se fatiguer !

### BEAUCOUP DE BOIS, BEAUCOUP DE FER

Les échelles, les échafaudages, les cintres de bois pour soutenir les voûtes, les engins comme la grande roue, tout cela est réalisé par les **charpentiers**, qui ont fort à faire ! Les **forgerons,** de leur côté, façonnent les outils et des éléments en fer comme les armatures des vitraux, les attaches pour fixer les statues, les renforts aux angles des clochers afin qu'ils résistent au vent.

### LES VITRAUX SONT DES TABLEAUX DE LUMIÈRE

Vers 1200, le verre est une matière rare et précieuse. Il arrive sur le chantier en plaques colorées, souvent bleues et rouges, que les **verriers** découpent suivant un modèle dessiné. Le **peintre** trace en noir le contour des personnages. Il faut ensuite recuire les panneaux puis les assembler avec des baguettes de plomb. Enfin, les vitraux fixés aux fenêtres illuminent l'intérieur de la cathédrale.

# DANS LA VILLE

**La plupart des villes ont été fondées à l'époque gauloise au carrefour d'une route et d'un fleuve. Vers 1200, une vaste muraille entoure l'ancienne cité et ses nouveaux quartiers. Le commerce est très actif autour du port, sur les berges et dans les rues remplies de boutiques. Des artisans viennent s'y installer, les ateliers de tissage se multiplient, des paysans vendent leurs produits au marché. Les riches marchands de la ville forment la bourgeoisie, une nouvelle classe qui prend du pouvoir dans la société.**

## ÇA BOUCHONNE !

Les habitants manquent souvent de place dans leurs logements et préfèrent **vivre dehors**. Les rues, étroites, boueuses, sont encombrées par les charrettes et les piétons. Ajoutons encore le porteur d'eau, la laitière, le vendeur de gaufres ou de poissons qui vont et viennent en appelant les clients. **Une vraie cohue !** Un jour, à Paris, un voyageur perd sa femme dans un bouchon et ne la retrouve que le lendemain !

## 101 MÉTIERS

Bouchers, drapiers, armuriers, meuniers, fileuses de soie, taverniers, pêcheurs… Cent un métiers sont connus et répertoriés à Paris en 1268. Ils s'associent entre eux, ont le même règlement et fixent les prix de leurs produits. Dans les boutiques et les ateliers, le **maître** fait travailler des **compagnons** et engage des **apprentis** âgés de 12 ans qui vivent plusieurs années chez lui.

## RICHES BOURGEOIS ET PAUVRES GENS

Les **maîtres des métiers** s'enrichissent et se font construire de belles maisons avec une cour, une écurie et un puits. Ces riches bourgeois habillés de velours et de fourrure s'entendent pour gouverner la ville. Dans la rue, ils croisent le « **menu peuple** » : les ouvriers des ateliers et les vagabonds qui mendient à la porte des monastères ou devant les hôpitaux.

## LA POLICE ET LE GUET

La nuit, des hommes armés font le **guet** sur les murailles et surveillent les rues. Des sergents de police interviennent dans les tavernes lorsque les jeux virent à la bagarre. Ils poursuivent aussi les petits truands qui volent sur le marché. Un voleur peut être condamné **au pilori**, attaché à un poteau et exposé aux injures, aux crachats… Les criminels sont **pendus au gibet** à l'extérieur de la ville.

## LES MARCHANDS JUIFS

Les juifs sont les croyants du **judaïsme**, une religion ancienne basée sur la Bible. Ils vivent regroupés dans un quartier de la ville et vendent des fourrures, des étoffes d'Orient, des parfums. **Ils prêtent aussi de l'argent** et se font rembourser avec intérêt, ce qui est interdit aux chrétiens. On les envie pour l'argent qu'ils gagnent de cette façon, ils sont mal vus, maltraités et parfois expulsés.

## LE THÉÂTRE DANS LA RUE

Les **jours de fête ou de marché**, des artistes montent sur une estrade pour chanter ou présenter un spectacle. Les acteurs jouent des **farces** et des **fabliaux**, des petites pièces qui se moquent de tout le monde. Il y a aussi des **spectacles religieux** racontant la vie des saints ou mettant en scène le paradis et l'enfer. La foule apprécie beaucoup ces nouveaux divertissements.

# LA GUERRE DE CENT ANS

## (1337-1453)

**Cent seize ans de guerre entre la France et l'Angleterre, avec de longs moments de paix où les villes, les arts et les affaires prospèrent. Cette guerre est née d'une dispute autour de l'Aquitaine qui est située en France, mais appartient aux Anglais depuis l'époque d'Aliénor. L'affaire tourne au vinaigre lorsque le roi de France meurt sans successeur. Son plus proche héritier serait le roi Edouard d'Angleterre mais les princes lui préfèrent un cousin de France. Edouard en profite pour déclarer la guerre.**

### AU DÉBUT, LES ANGLAIS SONT LES PLUS FORTS

En 1340, les Anglais gagnent la **bataille navale de l'Écluse** et détruisent la flotte française. À **Crécy** (1346), les archers anglais, bien entraînés et organisés, massacrent les chevaliers français qui ne rêvent que de glorieux combats. À la **bataille Poitiers** (1356), le roi de France Jean II est capturé et emmené prisonnier à Londres. Qui va gouverner le royaume de France ?

### CHARLES, UN ROI CALME ET DÉTERMINÉ

Heureusement, le dauphin, fils aîné du roi, est là ! Sacré roi en 1364, **Charles V** gouverne sans quitter son château du Louvre ou son **donjon de Vincennes**. Pour résister à l'ennemi, il ordonne de nouvelles fortifications dans les villes et les châteaux. Il choisit un très bon chef de guerre, **Bertrand du Guesclin**, qui reprend aux Anglais presque toutes leurs conquêtes.

### LA PEUR ET LA MISÈRE

Pour payer les armées, il faut de l'argent, et les impôts augmentent terriblement. Des révoltes éclatent, les pauvres gens ont **faim**. Ils ont peur aussi car des soldats partent en bandes sur les routes et sèment la **terreur**. On les appelle les **routiers**. Ils brûlent, pillent et tuent. Du Guesclin les emmène se battre en Espagne mais d'autres reviendront tant que la guerre ne sera pas finie.

### LA PESTE NOIRE

Entre 1346 et 1348, une terrible **épidémie** venue d'Asie tue une personne sur trois en Europe. Les gens croient que la colère de Dieu s'abat sur eux. Ils pensent que les maladies naissent dans l'air et font brûler des parfums pour la chasser. Personne ne comprend que les **rats** apportent la peste, transmise aux humains par les **puces** qui les piquent. La peste frappera de nombreuses fois jusque vers 1700.

### AMOUREUX DE L'ART ET DE LA BEAUTÉ

Les frères du roi Charles V commandent les armées et sont de grands princes fastueux. Le duc Louis d'Anjou fait rebâtir le **château de Saumur** et celui **d'Angers** où l'on peut voir la si belle tapisserie de l'Apocalypse qu'il a fait tisser. Son frère Jean de Berry commande aux frères Limbourg un livre magnifique *Les Très riches heures du duc de Berry*, presque achevé à leur mort en 1416.

### LE PUISSANT DUC DE BOURGOGNE

Philippe, l'aîné des frères du roi Charles V, est le duc le plus riche du royaume. Ses successeurs agrandissent le duché qui s'étend de la mer du Nord jusqu'à la Savoie.
La cour de Bourgogne est remplie d'**artistes** et de hautes dames coiffées de hennins pointus. Le duc offre de fabuleux festins entrecoupés d'animations spectaculaires, les **entremets**, tels un pâté rempli d'oiseaux vivants ou encore un dromadaire articulé !

# UNE VILLE ASSIÉGÉE

TROUVE-LES TOUS !

**Après leur écrasante victoire à Azincourt en 1415, les Anglais envahissent la Normandie et progressent vers le sud en assiégeant les villes sur leur route. Ils ont pour allié le duc de Bourgogne qui a laissé son armée entrer dans Paris. Le futur roi Charles VII, découragé, ne se bat plus. Mais certaines cités assiégées résistent ! En 1429, l'arrivée de Jeanne d'Arc et la libération d'Orléans redonnent espoir aux Français. Lentement, la France se redresse vers la victoire.**

### LE SIÈGE COMMENCE

Début **juillet 1427**, environ 3 000 Anglais encerclent la **ville de Montargis** en bloquant les routes et les ponts. Bien abrités dans des camps entourés de fossés et de palissades, ils attaquent avec des bombardes, des canons qui tirent de gros boulets pour fendiller les murs. Ils tentent de creuser des mines sous les murailles et lancent des assauts aux endroits les moins gardés.

### LES ASSIÉGÉS RÉSISTENT

Les habitants participent à la défense, apportent des munitions, ripostent avec des **canons** et des arbalètes géantes, les balistes, qui peuvent tirer à 300 m. Sur les chemins de ronde, les redoutables **arbalétriers** visent les camps ennemis et les **archers** tirent une flèche par minute. Parfois, les assiégés tentent une sortie contre les Anglais.

### LES ENGINS DE SIÈGE

La guerre de Cent ans n'est plus une guerre de chevaliers chargeant à la lance. Les capitaines commandent des troupes de fantassins qui montent à l'assaut avec des échelles ou font rouler des tours de bois jusqu'aux murailles. Les ingénieurs sont les spécialistes des engins de siège comme le **trébuchet**, une énorme machine de tir qui lance loin et fort des boulets de 100 kg.

### PROBLÈMES DE RAVITAILLEMENT

Début septembre 1427. Les Anglais ont reçu du matériel, de l'argent et des vivres. De leur côté, les assiégés ont faim. Ils appellent au secours le futur roi **Charles VII** qui n'a plus d'argent dans son trésor. Pour financer le convoi de ravitaillement, il échange une **couronne d'or garnie de pierreries** contre une somme de 10 000 écus !

### VICTOIRE !

Laisser entrer les **charrettes** nécessite d'abaisser les ponts levis et de remonter les herses sans que l'ennemi en profite. C'est risqué ! Une forte troupe accompagne le convoi et **attaque par surprise** un des camps anglais, qui se défend mal. Voyant cela, les défenseurs tentent une sortie, ouvrent les écluses, et l'eau de la rivière inonde les autres camps. Les Anglais affolés fuient au plus vite !

### VERS LA FIN DE LA GUERRE

Deux ans plus tard, en 1429, une étrange jeune fille nommée **Jeanne d'Arc** rejoint le futur roi Charles VII à Chinon et obtient de lui qu'il lève une armée pour libérer la ville d'Orléans assiégée. Sacré roi peu après, Charles VII reprend courage. Il fait la paix avec le duc de Bourgogne, réorganise ses armées et son royaume. En 1453, la **victoire de Castillon** marque la fin de la guerre.

TROUVE-LES
TOUS !

# MILLE ANS D'HISTOIRE !

## (450-1450)

**Mille ans ont passé depuis l'arrivée des « barbares ». Que de changements au cours de cette longue période que l'on appelle le Moyen Âge ! Le monde n'est plus centré autour de la Méditerranée comme à l'époque romaine. Du nord au sud de l'Europe, des bateaux chargés de marchandises naviguent le long des côtes et les marins, de plus en plus hardis, regardent vers le large. Dans les villes, l'industrie est en train de naître, les techniques progressent, les livres se multiplient et les idées nouvelles circulent.**

### PREMIERS GRANDS VOYAGES

Vers 1250, le pape et le roi de France Louis IX envoient des ambassadeurs chez l'empereur de Mongolie. Ce sont les **premiers européens** à s'aventurer si loin ! En 1270, le jeune marchand vénitien **Marco Polo**, accompagné de son père et de son oncle, part à travers l'Asie et arrive en Chine, où il reste pendant 20 ans ! De retour en Italie, il raconte son incroyable voyage dans *Le Livre des merveilles*.

### NAVIGUER PLUS LOIN

La **boussole**, inventée par les Chinois, est munie d'une aiguille qui indique le Nord. Dès 1280, les marins d'Europe l'utilisent pour ne pas se perdre en mer. Grâce aux Arabes, ils découvrent des instruments permettant de mieux naviguer. Les Portugais dessinent les premières **cartes marines.** On améliore aussi la coque et les voiles des navires. Tout sera bientôt prêt pour les grandes découvertes.

### DES LIVRES MOINS CHERS

Vers 1300, le **papier** est fabriqué dans les moulins avec de vieux chiffons déchiquetés. Il remplace le précieux parchemin et fait baisser le prix des livres. Les **nobles** et les **bourgeois** se mettent à lire davantage. Ils s'instruisent, réfléchissent, échangent des idées. Ils lisent aussi la Bible, sans l'intermédiaire des prêtres, et acceptent moins bien l'autorité de l'Église.

### UNE HORLOGE DANS LA VILLE

Dans la plupart des villes, depuis 1200 environ, une tour se dresse sur la place. C'est le **beffroi**, pourvu d'une cloche qui sonne le début et la fin du travail, les fêtes et les événements. Vers 1400, sur le beffroi, apparaît une **horloge**. Une aiguille qui indique les heures tourne grâce à un engrenage. Cette belle invention remplace peu à peu le sablier ou le cadran solaire.

### SE VOIR EN PEINTURE

**Jan van Eyck** (1386-1441) est peintre du duc de Bourgogne et réalise le **portrait** des nobles courtisans. C'est très nouveau : avant, l'art était surtout religieux. Van Eyck observe et peint la chair des visages, les bijoux étincelants, les tissus moelleux. Sa peinture est transparente et lumineuse car il emploie un vernis qui sèche vite et garde l'éclat des couleurs.

### LE DÉBUT DE L'INDUSTRIE

Partout, les **moulins** utilisent la force de l'eau ou du vent pour moudre le grain, brasser la bière, assouplir les tissus ou marteler le métal. Dans les **forges**, le fer de meilleure qualité donne des outils plus performants ; dans les carrières et les mines, dans les **ateliers de tissage** et de poterie, le travail est plus organisé, plus rapide et efficace.